# PANÉGYRIQUE

DE

# SAINT DENIS

# PANÉGYRIQUE

DE

# S^t DENIS L'ARÉOPAGITE

ÉVÊQUE D'ATHÈNES ET DE PARIS

PRONONCÉ

DANS L'ÉGLISE PAROISSIALE SAINT-DENIS DE MONTPELLIER

Le 14 Octobre 1883

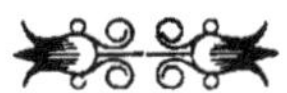

**MONTPELLIER**

IMPRIMERIE GROLLIER ET FILS, BOULEVARD DU PEYROU, 7 ET 9

MDCCCLXXXVII

# AVERTISSEMENT

Un panégyrique de saint Roch fut prêché le 16 août 1876 dans l'église paroissiale de Montpellier dédiée à l'enfant de cette ville, au pèlerin admirable qu'on invoque contre les maladies contagieuses. Il fut livré par son sympathique auteur à une publicité restreinte à ses intimes amis.

C'était un double témoignage de reconnaissance pour l'affection que les paroissiens lui avaient vouée pendant les deux années de vicariat que, jeune prêtre, il avait passées un quart de siècle auparavant dans cette partie de la cité épiscopale, affection qu'ils lui avaient toujours conservée depuis.

Un panégyrique de saint Denis fut par lui prêché sept ans après, le Dimanche 14 octobre 1883, dans l'église paroissiale de ce nom, où il avait été exercer les mêmes fonctions en sortant du vicariat de Saint-Roch, et on aime à penser qu'il aurait fait de même si la mort ne l'avait prématurément ravi à l'affection d'une paroisse qui l'aima comme un fils adoptif pendant l'espace de plus de trente années, et qui montra si bien son attachement en transformant en triomphe la cérémonie de sa sépulture.

Par l'effet d'une heureuse fortune ce dernier panégyrique a été confié par une main pieuse et dévouée à un bon ami de l'auteur. Un désir lui a été en même temps manifesté : celui de le voir imprimé, comme le fut celui de saint Roch.

Il était assez délicat pour lui de se rendre à ce vœu, au fond si légitime. Ne s'exposait-il pas à blesser, en quelque manière, la modestie de celui qui se plaisait à le proclamer le meilleur de ses amis ?

Néanmoins, sur le conseil de personnes sages et prudentes, il s'est décidé à le faire, persuadé que, du lieu de son repos, l'ami n'en voudra pas à l'ami et lui pardonnera, qu'il lui a même déjà pardonné cette hardiesse affectueuse.

Ce panégyrique n'aura d'ailleurs, comme son aîné, qu'une publicité restreinte aux amis de cœur du regretté défunt, pour la plupart paroissiens de Saint-Denis.

Ce travail a été revu avec soin, on espère qu'il aura tout au moins le mérite de l'à-propos, arrivant à la lumière aux approches du jour où l'Eglise honore les saints Martyrs Denis, Rustique et Eleuthère.

En vue de lui donner un peu plus d'intérêt, on y a ajouté une notice biographique sur l'auteur, sous forme d'éloge funèbre ou, pour mieux dire, de réminiscence d'éloge funèbre. Il est en effet impossible à la plume de rendre fidèlement ce que le cœur a inspiré et la langue prononcé le lendemain de la célébration des funérailles.

On pardonnera à la main qui a tracé ces lignes de ne pas s'étendre davantage ; il serait trop long, pas assez opportun, trop délicat et trop difficile, de donner à ce sujet l'ampleur à laquelle il pourrait se prêter.

Puissent les bons amis de l'excellent ecclésiastique auteur des deux panégyriques, qui sont, par la pensée qui leur a donné naissance, le pendant l'un de l'autre, et l'expression d'un même sentiment de reconnaissance, voir dans cette publication, toute limitée qu'elle est, une manière d'honorer sa mémoire!

Qu'ils me permettent d'ajouter qu'il sera encore plus avantageux, plus consolant et plus méritoire de prier pour le repos de son âme.

J.-G.-P. M., pr.

9 Octobre, en la fête des Saints Martyrs Denis l'Aréopagite, évêque d'Athènes et de Paris, et de ses compagnons : Rustique, prêtre, et Eleuthère, diacre.

---

# PANÉGYRIQUE

DE

# SAINT DENIS

*Fulgur exit ab Oriente et paret usque in Occidentem.*

L'éclair sort de l'Orient et se réflète instantanément en Occident.

(S. MATHIEU, XXIV, 27.)

MES FRÈRES,

Parmi tous les Saints protecteurs de la vieille France qu'évoquent la science et la piété de nos jours, aucun ne mérite plus de religion et de confiance que celui que nos rois, depuis le fils de Clovis, ont appelé leur patron particulier, que les peuples ont proclamé l'apôtre des Gaules et dont ils suivaient la bannière aux nobles combats en criant : MONTJOIE-SAINT-DENIS (1). C'est

(1) On a assez longtemps écrit *Denys* ; aujourd'hui l'usage a prévalu, au moins à Montpellier, d'écrire : *Denis*.

le patron aimé de cette paroisse (1). Il m'apparaît, cet illustre Denis, sous les traits du céleste personnage que contemplait Daniel dans le ravissement de l'extase : « Je levai les yeux », dit le prophète, « et je vis un homme revêtu de lin, ses
» reins étaient ceints de l'or d'Uphaz et son corps
» était pareil au chrysolithe, sa face comme
» l'apparition de l'éclair, ses pieds comme des
» langues de feu, ses bras avaient l'aspect de
» l'airain embrasé et le son de ses paroles reten-
» tissait comme la voix d'un grand bruit. » (2)

Celui que représentait cette vision était saint Michel, l'archange invisible, le protecteur de la France, dont saint Denis devait être l'archange visible et appeler, à ce titre, avec lui, la pro-

---

(1) La paroisse actuelle de Saint-Denis, à Montpellier, ne remonte qu'au XVIIe siècle; elle a succédé alors à la paroisse de Saint-Denis de Montpelliéret, qui remontait aux origines de Montpellier et dont la construction de la Citadelle, après 1622, entraîna la destruction. Cette église se trouvait sur l'emplacement occupé par le bastion N.-E.

On trouvera, sous forme d'appendice, quelques notions sur ce sujet.

On ne s'est jamais, que je sache du moins, beaucoup préoccupé d'éclairer cette question historique locale, qui ne manque pourtant pas d'intérêt : Quelle est la plus ancienne paroisse de Montpellier? A quelle circonstance la paroisse de Montpelliéret dut-elle d'adopter le patronage et le vocable de Saint-Denis?

(2) Daniel, X, 5, 6.

tection divine sur notre oriflamme, ainsi que nous le disent les prières liturgiques de cette bénédiction.

Denis est lui aussi revêtu du lin des pontifes, il a autour des reins la ceinture de la vérité ; son visage, ses yeux, ses bras, ses pieds, sont l'airain brûlant du zèle de l'apôtre, et sa voix apostolique rappelle la voix des grandes eaux.

Mes Frères, si cette louange vous paraît exagérée, écoutez le chant par lequel nos pères saluaient la fête de Saint-Denis, continuant, disaient-ils, l'hymne commencée par les Anges :

« Salut, illustre Martyr, collègue des Anges,
» compagnon des Apôtres, cohéritier des Mar-
» tyrs, ô saint Denis, intercédez avec vos com-
» pagnons pour notre salut à tous. »

Mais l'Écriture Sainte ajoute que le personnage qui apparut à Daniel était debout sur les eaux d'un fleuve, sur les deux rives duquel étaient ses deux ministres.

Saint Jérôme nous dit que ce fleuve était le Tigre, qui sépare l'Orient de l'Occident. Denis est là, debout, appartenant aux deux mondes et, pour compléter cette image, on peut dire que l'un de ses compagnons est sur une rive de ce fleuve, portant un nom latin « Rustique », et le second sur l'autre rive, répondant à un nom grec : « Eleuthère ». Semblable à l'éclair, ou plutôt au soleil, Denis, dans sa carrière, va de l'Orient à l'Occident, non pour se reposer, mais pour travailler, grandir toujours. *L'éclair sort de l'Orient et se reflète instantanément à l'Occident. — Fulgur exit....*

Les Grecs l'ont admiré surtout comme docteur, les Latins comme apôtre ; tous l'ont vu revêtu de fin lin, ceint d'or, ardent comme le chrysolithe et l'airain, et tous ont entendu sa voix puissante comme celle de l'Océan.

C'est, mes Frères, ce que je vais essayer de vous montrer en vous présentant Denis sur les deux théâtres de sa vie : Athènes et Paris, ces deux cités qui ont des traits de ressemblance si frappants et si nombreux, et où s'accomplissent les trois actes de sa conversion, de son apostolat et de son martyre ; ce qui nous amènera à conclure qu'il mérite par-dessus tout le glorieux titre de confesseur, parce qu'il a donné au CHRIST-JÉSUS les témoignages indéniables de la foi, de la prière, du zèle et du sang.

## PREMIÈRE PARTIE

Est-il nécessaire que je fasse, en commençant, une profession de foi? Dirai-je que le Saint dont j'entreprends le panégyrique est bien Denis l'Aréopagite, l'évêque d'Athènes, l'auteur des sublimes écrits qui portent son nom, l'apôtre des Gaules, l'évêque de Paris et le martyr? C'est lui que reconnaissent, en effet, toutes les églises catholiques du monde, de l'Orient à l'Occident. Il est vrai que l'Église de Paris se laissa égarer un moment par le jansénisme; elle a depuis plusieurs années renoncé à suivre cette hérésie déplorable. A cette nuée de témoins, historiquement appuyés sur une puissante masse de documents irrécusables, qu'ont opposé les contredisants du dernier siècle, disciples de Luther et de Launoy? (1) Une ligne de Grégoire de Tours, indirectement, mais assez clairement rétractée par lui-même, et puisée trop inconsidérément et trop hâtivement dans une copie peu fidèle des *Actes du Martyre de saint Saturnin*, puisqu'au livre neuvième de l'*Histoire des Francs* il

(1) Launoy et ses disciples furent appelés : *les dénicheurs de saints* et ils ne justifièrent que trop ce titre.

parle de la foi apportée dans les Gaules dès l'origine du christianisme (1), et qu'au livre de la *Gloire des Morts*, qui parait postérieur, il dit que « Saturnin fut ordonné par les disciples des Apôtres. »

Bornons-nous à répondre avec l'évêque de Tulle (2) : « Est-ce avec des poignées de sable « qu'on peut jeter à bas des Pyramides ? »

Rassurés sur ces bases, nous parlerons, d'accord avec l'Église, de saint Denis, évêque d'Athènes et de Paris (3).

Presque au moment où Jésus adolescent faisait entendre dans le temple de Jérusalem (4) les premières paroles que les Évangélistes nous ont transmises de lui, les premiers accents terrestres de la Sagesse éternelle, voici que dans Athènes, la cité reconnue reine de la sagesse humaine, naissait un enfant prédestiné appelé « DIONUSIOS ». Ce nom signifie « *aiguillonné par un dieu* » ; il devait, comme les noms de Jacob et de Juda, être une prophétie. L'enfant ne tarda pas à en ressentir l'impulsion. De bonne heure la sagesse (c'est par ce mot que les an-

(1) *Ipso catholicæ religionis exhortu.*

(2) Mgr Berthaud.

(3) Voir l'Appendice II.

(4) Peut-être deux ou trois ans auparavant, dit le R. P. Halloix.

ciens désignaient la science) fut l'objet de ses prédilections ; il courut la chercher à travers le monde. Il se rendit d'abord en Égypte, contrée où l'antiquité payenne plaçait le berceau de toute la science, et qu'elle vénérait comme le plus auguste de ses sanctuaires. Grandement avide de ses plus faibles rayons, il s'instruisit, comme le déclare le Bréviaire Romain, dans tous les genres de doctrine. La Providence, qui le préparait à une œuvre immense, lui en faisait déjà réunir les éléments, et un certain ange, que je n'hésiterai pas à appeler après lui l'Ange d'Athènes (1), le conduisait secrètement par la main.

Denis suivait son ange, il alla à *Hieropolis*, la cité du soleil, il y étudia particulièrement les sciences exactes, l'astronomie et les mathématiques, si propres à former un esprit qui doit s'élever à de grandes hauteurs.

Un jour, un événement inexplicable, inouï dans les fastes du ciel, attira son attention ; il nous en a donné une description scientifique, on pourrait dire magistrale. Un phénomène semblable à une éclipse du soleil frappa tous les regards en plein midi, la lune était alors

(1) *Ange* ne peut vouloir dire ici *évêque*. C'est le terme dont saint Jean se sert dans l'Apocalypse pour désigner les évêques de l'Asie mineure, mais ce n'est pas ici le cas.

dans son plein. C'était contraire à toutes les lois connues de la nature. Denis le remarqua avec son ami Apollophane. « O Denis, s'écria celui-» ci, il s'opère une révolution dans les choses divines. » — « Ou le Dieu de la nature souffre, » ou la machine du monde se disloque », répliqua Denis, absorbé par la pensée de Dieu autant que par celle des astres. C'était l'éclipse miraculeuse qui intervint avec tant d'autres prodiges à la mort de Jésus-Christ (1).

Denis avait alors à peu près vingt-cinq ans. Vingt-deux ans plus tard il siégeait au premier rang à l'Aréopage d'Athènes, tribunal illustre auquel ceux de Rome renvoyaient les causes difficiles qu'ils hésitaient à juger.

A ce moment, on vit y comparaître un juif qui attirait l'attention publique en prêchant une nouvelle doctrine religieuse. Il s'appelait Paul. L'Aréopage lui demanda sa profession de foi. Il répondit à ces hommes qui lui parurent, plus que les autres, désireux de s'instruire de la véritable sagesse : « En parcourant les rues et les » places publiques de votre cité j'ai remarqué » un autel dédié au *Dieu inconnu*. C'est juste-» ment ce Dieu que je viens vous faire connaî-

(1) *Erat autem fera hora sexta et tenebræ factæ sunt usque ad horam nonam, et obscuratus est sol.* S. Jean, XXIII, 44, 45.)

» tre. Il est le créateur du ciel et de la terre ; » il a incarné son Fils pour sauver le genre » humain, et il a fixé un jour qui n'aura pas de » lendemain, où il viendra juger tous les hom- » mes. » (1)

Ce discours, qu'il serait trop long de citer en entier, fit une telle impression sur les juges, qu'ils se sentirent comme foudroyés sur leurs sièges, et sur leurs traits on put voir se trahir les émotions de leurs consciences, émotions que le génie de Raphaël a si bien représentées dans son admirable tableau : *l'École d'Athènes*.

A la fin, les uns tournèrent le prédicateur en dérision, et se moquèrent surtout de la résurrection des morts ; d'autres lui dirent sérieusement: « Nous vous entendrons un autre jour sur ce » sujet »; plusieurs allèrent le trouver, conversèrent avec lui, s'attachèrent à sa personne et crurent à son enseignement.

Parmi ces derniers, se trouvait Denis, qui venait de reconnaître dans le Dieu du ciel et de la terre le *Dieu inconnu*, le Dieu dont les souffrances et la mort avaient causé le deuil du soleil, ce phénomène qui avait si vivement frappé son imagination en Égypte, qu'il avait, sans s'en douter, poussé à peu près le même cri que le centu-

(1) Actes des Apôtres, XVII.

rion quand il descendit du Calvaire, se frappant la poitrine et disant : « C'était vraiment le fils de Dieu (1). »

C'est ainsi qu'il rendit à Jésus-Christ un premier témoignage public de sa foi, et qu'il mérita une première fois le titre glorieux de *confesseur*. Mais croire n'est que le commencement, et il est nécessaire, à partir de là, d'inaugurer une ascension sublime vers Dieu, et telle fut la marche que suivit saint Denis. Il dit adieu à l'Aréopage, renonça à son opulence personnelle, à ses dignités, à ses amis, à son épouse, si tant est que la femme dont parle saint Luc, la noble Damaris, ait été en effet son épouse (**2**) ; toujours est-il que, selon les *Actes des Apôtres*, elle fut du nombre de ceux qui, avec Denis, embrassèrent la foi prêchée par saint Paul. Aussi illustre que Denis par le savoir, aussi fière que lui par le cœur, elle donna gracieuse-

---

(1) *Vere filius Dei erat iste.* Marc, XXVII, 54.

(2) Saint Jean Chrysostôme et saint Ambroise disent qu'il était marié, et que Damaris, qui se convertit avec lui à la voix de saint Paul, était réellement son épouse ; d'autres pères croient qu'il vécut toujours dans le célibat. Sans donner le mariage de saint Denis comme une certitude historique, il ne semble pas téméraire de se ranger au sentiment de deux pères aussi considérables que saint Jean Chrysostôme et saint Ambroise, comme semble le faire l'auteur du panégyrique.

ment à son époux la plus sublime des libertés. Denis quitta Athènes et, pauvre de tout, il se rangea, simple disciple, à la suite de l'apôtre Paul, partageant ses opprobres et ses tribulations.

Cette rude fatigue dura trois ans. Pour mieux faire son éducation chrétienne, dont il sentait la grande importance, Denis s'adjoignit un second personnage, merveilleux entre tous ceux des temps apostoliques. Il l'appelle son précepteur vénérable, son initiateur dans les sciences sacrées de la théologie et des saintes lettres.

C'est cet Hierothée qui, en face du corps de Marée expirée, fit entendre des chants si beaux que cet incomparable auditoire lui donna le nom de « Divin Hymnologue ». On peut se faire une idée de ce que dut être ce disciple sous la direction de tels maîtres. « C'est pourquoi, dit un » de ses panégyristes, s'étant révélé par la » richesse de ses vertus aux yeux clairvoyants de » saint Paul, et ayant été par lui reconnu digne » du degré d'Hiérarque (1), il fut fait, par l'im- » position des mains de l'Apôtre, premier évêque » d'Athènes, devenant ainsi « l'oracle de la » sagesse divine, parmi ceux qui naguère le » vénéraient comme l'oracle de la sagesse

---

(1) De deux mots grecs qui signifient *chef sacré*, c'est-à-dire *évêque*.

» humaine, et, après avoir présidé l'Aréopage,
» il vit les habitants de la cité de la Déesse
» Minerve venir se ranger sous sa houlette de
» pasteur. »

Dirai-je comment Denis conduisait son troupeau? comment il lui infiltrait l'esprit nouveau du christianisme naissant? Il constitua l'Église d'Athènes, comme les Apôtres avaient établi celle de Jérusalem, dans la plénitude de cet idéal du Christ qui réduit à des ébauches la cité rêvée par Pythagore et Platon. Tous les Athéniens qu'il avait engendrés à la foi le vénérèrent comme un père, admirèrent ses vertus et canonisèrent leur évêque. De son vivant, un surnom lui fut donné, observent les Grecs ; à cause de son éminente sainteté, on l'appelait MACARIOS, c'est-à-dire *Bienheureux*, et un jour un Parisien écrira en grec sur les rives de la Seine : Le Christ-Jésus nous a été prêché par Denis l'Ionien qui est appelé *Macaire*, nom qui signifie *Bienheureux*.

Faut-il dès-lors s'étonner qu'au jour mémorable où les Anges du Ciel transportèrent sur leurs ailes les Dieux de la terre, je veux dire les Apôtres et les Évêques les plus recommandables de l'Église primitive, pour représenter l'univers chrétien aux funérailles de Marie, Denis se soit trouvé là ?

Il prit sa place dans ce nouveau cénacle et, s'il est vrai que la première fois qu'il contempla à Jérusalem les traits de Marie, il fut tellement ébloui par sa sainteté que, si la foi ne l'eût éclairé, il l'aurait adorée comme on adore un Dieu, quel ne dut pas être son ravissement à cette heure ! Puis, ce moment de vision extatique passé, retombant sur la terre, il vit les Églises sœurs de la première, ces belles Églises de Grèce et d'Asie, que Paul avait quittées pour aller évangéliser Rome et l'Occident, en proie aux morsures de loups ravissants. Aussitôt, sans cesser d'être le doux et tendre pasteur d'Athènes, il redevint l'ardent missionnaire de toutes les contrées d'alentour et, armé du glaive de la parole, il aborda de front cette légion d'ennemis dont les chefs étaient les prêtres du paganisme oriental et les recteurs de la philosophie grecque, aussi bien que de la cabale juive. Ils lui apparurent comme autant de vautours acharnés contre le Dieu de l'Évangile. Ils avaient pris pour nom de guerre : GNOSE ou *science*, et saint Paul avait lutté contr'eux deux ans auparavant : « J'ai combattu, dit-il, contre les bêtes à Éphèse. » En quittant cette ville il y a laissé le plus cher de ses disciples, Thimothée, Thimothée qui faiblit un instant, mais qui se relève et, afin de pouvoir lutter contre ces hommes avec leurs propres armes, va demander à Denis, non moins familier avec l'Académie et le Portique qu'avec le *Sermon de la montagne*, d'unir la science divine avec la science humaine, pour réduire à néant les assertions orgueilleuses et malsaines de la Grèce.

Denis obéit et il écrivit des livres depuis longtemps préparés dans ses études, ses méditations, ses enseignements ; lui-même a bien nommé son œuvre : une forme de la théologie entière. Cette théologie se compose de six parties comme l'œuvre de Dieu dans la création primitive.

La première est une *exposition dogmatique ;* elle a pour but de présenter tous les délinéaments de Dieu, son unité, sa trinité, son incarnation. La seconde, appelée *Des noms divins*, nous révèle l'essence infinie subsistant éternellement dans les trois personnes divines et temporairement révélée dans la personne de N.-S. J.-C. La *Théologie symbolique* est la troisième partie de l'ouvrage. Dieu y est étudié, non plus dans ses attributs métaphysiques, mais dans leur expression symbolique, fournie par la nature et enseignée par Lui-même dans les Saintes Écritures. Le quatrième traité se nomme *Théologie mystique*. L'âme change de sphère. Dépassant les créatures, elle va droit à Dieu dans son vol ; elle le contemple, le goûte en contractant avec lui une union inaltérable qui est le prélude du ciel. Denis parle ensuite de la hiérarchie ecclésiastique des fidèles de la terre. Enfin, le sixième jour de cette création magnifique se déroule à nos yeux. C'est le spectacle de l'Église de la terre faisant face à l'Église du ciel.

Le Bréviaire Romain, dépositaire fidèle de nos traditions, déclare chaque année que les livres de saint Denis sont admirables et absolument célestes (1). Le style n'en est pas moins merveilleux que les pensées; le génie de l'écrivain tient du génie de saint Paul et de celui de saint Jean. C'est la raison et l'imagination envahies par l'amour divin; c'est un fleuve immense roulant des torrents de diamants au milieu d'un grand calme; c'est, pour ainsi dire, la Jérusalem céleste que voit le prophète d'Athènes, inébranlable dans son ensemble, symétrique dans ses détails, flamboyante de la charité divine et harmonieuse comme un concert infini de magnificence, d'allégresse et de paix, qui confond toute parole et tout sentiment. C'est ainsi que Denis fixa sur la terre le premier temple de la science divine. Ce témoignage du savoir qui illumine les écrits du docte Aréopagite donne un nouvel

---

(1) *Admirabiles ac plane cœlestes.* (Br. Rom. 9 oct.).

éclat à sa couronne de confesseur. Ajoutons, à sa gloire, qu'il a été commenté entre la Bible et Aristote par saint Thomas d'Aquin, l'ange de l'école théologique au moyen-âge, ce génie incomparable qui n'a jamais eu et qui n'aura jamais d'égal.

Voilà la première partie de l'œuvre de saint Denis. Achevée dans une région du monde, elle va recommencer dans l'autre, réalisant la parole du Sauveur : « L'éclair sort de l'Orient et se reflète instantanément à l'Occident. » *Sicut fulgur.....*

## SECONDE PARTIE

Saint Denis était l'apôtre prédestiné de la France, et son sang sera le baptême de sa future capitale. C'est du lit funèbre ou plutôt triomphal de Marie, d'où les Apôtres emportent les derniers secrets de leur vocation, que cette mission lui est inspirée, et c'est Jean l'Évangéliste, avec lequel il s'unifie en Asie, qui la lui intime effectivement (1), dit un de ses historiens. Des novateurs, visant à l'érudition, en vue de fermer à l'Aréopagite l'accès de nos rivages, ont avancé, moins de deux siècles il y a, qu'au temps de la plus pure discipline les évêques ne changeaient jamais de siège. Pharisiens imprudents, ils n'ont donc pas lu que Pierre a quitté Antioche couverte des fleurs du christianisme à son aurore pour entrer, le glaive de la parole sur les lèvres, dans la ville de Rome, cette forêt de bêtes féroces, comme l'appelle le pape saint Léon? et l'Évêque des Évêques, le Verbe de Dieu, n'a-t-il pas quitté le siège de son éternelle Majesté pour le rude siège de la Crèche et de la Croix? les

(1) *Putamus persuasione Joannis* (Baronius, 98, 23).

quatre-vingt-dix-neuf brebis angéliques pour la brebis humaine (1) ? Ah ! c'est ainsi qu'on est pasteur des âmes, c'est ainsi que l'Église place ses Apôtres avant les Pontifes, c'est ainsi que Denis embrasé, comme saint Jean, d'amour pour Jésus, altéré de la soif du martyre, dont l'occasion lui avait maintes fois échappé, obéissant enfin à la volonté divine, vint à Rome. Rome vit entrer dans ses murs ce vieillard (2), dont la jeunesse semblait renouvelée comme celle de l'aigle; elle admira « cet oiseau céleste »; c'est sous ce nom qu'elle le désignera un jour après saint Jean Chrysostôme, appelant de l'Orient l'oiseau et de la terre lointaine l'homme de sa volonté.

C'est avec ces paroles d'Isaïe, que saint Thomas d'Aquin entonnait un jour le panégyrique de saint Denis l'Aréopagite (3).

Rome chrétienne est la patrie des nobles

---

(1) C'était sans doute la règle ordinaire, on peut même dire généralement suivie, mais comme toutes les règles émanées de l'institution des hommes, elle était sujette à exception, et l'Église ne pouvait renoncer au pouvoir, qu'elle tenait de son divin fondateur, de lier et de délier, de former des nœuds et de les rompre pour en former de nouveaux. Les exemples cités par le panégyriste suffisent à l'établir; on pourrait en citer d'autres tout aussi concluants.

(2) On prétend que Denis avait alors soixante-dix-huit ans.

(3) Isaïe, XLVI, 7.

sentiments, aussi bien que des divins oracles. Un saint ou un grand homme y est nécessairement bien accueilli et, à défaut de tous les autres biens de la terre, ils trouvent les honneurs et un abri dans cette grande cité. En y arrivant Denis trouve Clément qui gouverne l'Église, et il reçoit de lui le plus affectueux accueil. Quel spectacle que celui de l'Aréopagite, prosterné aux pieds du vicaire de J.-C. ! de Clément, choisi par saint Pierre pour lui succéder, se prosternant à son tour devant cet éminent docteur, ce parfait interprète de saint Paul, cet émule des apôtres ! Les Romains admirèrent cet auguste étranger, dont Salomon semblait avoir écrit : « Les cheveux blancs sont la plus belle des couronnes, on la trouve sur le chemin de la vertu (1). »

Denis fit connaître au Pape l'Asie et son école formée par saint Jean et de laquelle Rome devait tirer de si magnifiques appuis, dans les voies du doctorat et de l'apostolat. Puis Dieu toucha le cœur de Clément. Le pontife montra à Denis les champs de la Gaule, très grande moisson qui soupirait après la lumière et les ouvriers de l'Évangile.

(1) *Coma dignitatis senectus, quæ in viis justitiæ reperietur* (Proverb., XVI, 31).

Un demi-siècle ne s'était pas écoulé depuis qu'un navire sans voiles ni rames, jeté à la mer par les juifs déicides, avait amené de Jérusalem au delta du Rhône la famille de Béthanie, Lazare le ressuscité, prêchant la résurrection, Madeleine, la pécheresse convertie, annonçant le pardon, Marthe, traînant après elle le dragon devenu docile à sa voix, tandis que Martial, l'enfant aimé du Christ, qu'il servit à la dernière cène, et le compagnon de Pierre à Rome, avait joint l'Aquitaine à la Provence.

Déjà Paul, qui était aussi venu à Rome après avoir rempli sa mission en Orient, avait une première fois échappé à la cruauté de Néron, pour accomplir en Occident la deuxième partie de sa mission. Il était parti de la ville éternelle pour aller jeter les fondements de la foi dans les Gaules, établir Trophime à Arles, Paul Serge à Narbonne, Crescent à Vienne, et transformer les capitales de l'empire Romain en capitales de la religion chrétienne. Agissant toujours sous l'inspiration de Pierre, il avait répandu la semence évangélique dans des cités moins importantes à l'aide d'autres ouvriers, qui furent honorés du caractère épiscopal, tels qu'Austremoine chez les Arvernes, Memmius à Châlons, Sixte à Reims, Front à Périgueux, Altin à Orléans ; tant il est vrai, Seigneur, que Pierre, votre apôtre, et Paul, le docteur des nations, nous ont enseigné votre loi (1).

Mais cette brillante légion devait prématurément disparaître sous les coups de la persécution de Néron, ce monstre à face humaine, et Rome chrétienne se trouva dans l'impossibilité de les remplacer. Elle ne put longtemps fournir à la Gaule épuisée que de rares athlètes, tels que Julien de Meaux, ou Clair de Nantes ; après avoir reçu l'Évangile avec une joie sans égale, trois frères, venus de Galatie, l'abandonnèrent avec une légèreté pareille, et Denis, jetant de Rome sur notre patrie des regards de tristesse et de charitable compassion, aurait pu lui dire les paroles qu'adressait plus tard saint Martin aux Galates, les Gaulois de l'Asie : « Je m'étonne que vous vous éloigniez sitôt de celui qui vous a appelés à la grâce de Jésus-Christ. »

Mais en même temps les entrailles de ce bon vieillard s'émurent, il demanda au pape saint Clément de l'envoyer, nouvel apôtre, dans ces intéressantes terres des Gaules où le flambeau de la foi s'éteignait visiblement. Clément lui répondit : « Mon cher frère Denis, la moisson est grande, je te donne tout pouvoir, sans limite de

(1) *Petrus apostolus et Paulus doctor gentium, ipsi nos docuerunt legem tuam, Domine.* (Office de l'Église).

climat ni de lieu ; » il lui adjoignit pour compagnons de son zèle des hommes éprouvés, et ils partirent.

Où se dirigea cette sainte cohorte? Pour sortir de l'Italie ils suivirent la terre plutôt que la mer, destinés qu'ils étaient, comme les Apôtres, à pêcher des hommes et non pas des poissons. Je les vois à Arles, où la mort de Trophime avait laissé vide la chaire pontificale ; Denis arrive et, soudain, se relève la cause chrétienne ; avant de quitter cette ville, il donne, pour successeur à Trophime, Rieul (1), autrefois disciple de saint Jean; puis il envoie Saturnin à Toulouse, Eutrope à Saintes, Marcel, l'un de ses principaux collègues, en Espagne. Ensuite Vienne et Lyon le reçoivent dans leurs murs, il leur apparaît comme le trait d'union qui va rattacher ces églises à celles d'Orient qu'il a quittées.

Denis continuant sa route passe par Châlons, Autun, Nevers, Orléans, cherchant partout les ténèbres les plus épaisses pour y infuser la lumière. Là où il reconnaît que l'erreur de la gentilité est le plus enracinée, il se précipite avec d'autant plus d'entrain qu'il compte davantage sur la protection du Ciel, fort et intrépide comme l'est tout vrai soldat du Christ. Un lieu de combat

---

(1) *Regulus.*

l'attendait, plus dangereux que les autres, il y accourt et se trouve en face de l'antique Lutèce. Elle s'élevait au milieu des eaux de la Seine comme une citadelle imprenable. Des navigateurs entreprenants, d'opulents banquiers peuplaient cette Tyr occidentale, dont un navire aux voiles enflées sera uu jour le signe emblématique ; mais cette cité, gâtée de la fortune, était tout infectée des erreurs et des images du paganisme. Telle était la ville, déjà populeuse, dont Denis avait à faire une Athènes chrétienne. Par ces miracles qui accompagnaient communément alors la parole des apôtres, il inspira la foi à ceux qui l'écoutèrent, et bientôt une église fut construite sur la colline du Midi, grâce aux largesses des nouveaux convertis. Ce fut la première cathédrale de Paris ; elle reçut le nom de Saint-Étienne-du-Grès, que le peuple appelait Saint-Étienne *des Grecs*.

La preuve suprême de l'excellence d'une Église, c'est sa fécondité. Qu'il est beau de voir cette petite Église de Paris, née d'hier, devenir en peu de temps un centre d'apostolat ! Déjà Denis n'est plus nécessaire à Lutèce, déjà il peut interrompre une fois de plus la vie d'évêque pour recommencer celle plus haute d'apôtre. L'histoire nous le montre évangélisant, par lui-même ou par ses compagnons, non-seulement les principales cités du voisinage, Beauvais, Meaux, Rouen, Chartres, mais encore étendant ses conquêtes spirituelles jusqu'en Germanie, peut-être aussi chez les barbares, qui pouvaient bien faire reculer des soldats romains, mais non pas des apôtres de J.-C.

Nous pouvons donc affirmer, avec un de ses biographes grecs, qu'il illumina tout le Couchant par les prédications de la foi.

Nous avons dit que l'évêque Denis ne fut pas seul pour travailler à son œuvre. Signalons, parmi ses coopérateurs, principalement le prêtre Rustique et le diacre Eleuthère. Saluons-les avec autant de respect que si nous voyions des anges placés à droite du vénérable Aréopagite, nouveau Jacob entouré d'un autre Joseph et d'un nouveau Benjamin, dignes fils que la France, comme une autre Rachel, a donnés à sa vieillesse rajeunie. Ils furent avec lui au labeur du zèle et de l'apostolat, ils seront avec lui à la gloire du martyre.

Le martyre ! c'est là le dernier témoignage que Denis est jaloux d'offrir au divin Maître. « Si nous le laissons faire et prêcher, » disent les partisans du paganisme, comme autrefois les pharisiens disaient de Jésus-Christ, « tous croiront à sa parole (1). »

L'ordre impérial de saisir le Saint arrive et

---

(1) *Si dimittimus eum sic, omnes credent in eum* (Joann., XI, 48).

est proclamé ; Denis est pris, cruellement garrotté, conspué avec son prêtre et son diacre. Ils sont sans retard traînés au tribunal romain, interrogés et condamnés. C'était l'heure d'un immortel triomphe. Denis, qui s'est emparé de la montagne méridionale de Lutèce par sa parole et la basilique qu'il y a fait construire, va conquérir maintenant la haute montagne septentrionale qui deviendra son Calvaire et celui de ses compagnons.

On lui ordonne de se mettre à genoux pour la décollation, et le bienheureux pontife, étendant les mains et élevant les yeux vers le ciel, dit : (c'est à Jésus qu'il parle) « Maintenant, Seigneur, admettez-moi avec mes frères à la couronne du martyre. Je vous recommande ceux que vous vous êtes acquis par notre ministère et tous ceux qui vous imploreront en notre nom.» Rustique et Eleuthère répondirent : « Amen », et tous les trois fléchissant les genoux, trois haches émoussées pour les faire souffrir davantage se levèrent, trois têtes tombèrent en même temps. Elles roulèrent dans la poussière, et l'on crut entendre leur langue palpitante confesser encore Jésus, le Christ sauveur.

On a donné à la colline qui fut le théâtre de leur supplice, disons, mes Frères, de leur victoire, le nom de MONTMARTRE (1). Colline sacrée! terre engraissée du sang de Denis et de ses compagnons, tu as reçu une semence féconde de chrétiens (2). C'est de ton sein que sortira, comme d'un nouveau cénacle, une nouvelle légion d'apôtres ayant à leur tête Ignace de Loyola et François-Xavier, et aujourd'hui tu es devenue l'objet de notre piété et de nos espérances. Nous travaillons à te couronner d'un temple magnifique, dont le plus bel ornement sera notre dévotion qui l'a consacré d'avance au SACRÉ-CŒUR DE NOTRE SEIGNEUR JÉSUS-CHRIST.

On dit que le tronc de saint Denis se leva, prit de terre sa tête dans ses bras enlacés, puis marcha, descendit la montagne et, parcourant la plaine, s'arrêta enfin où Dieu voulait qu'on lui donnât la sépulture, et que ses deux compagnons, enlevés par une pieuse ruse, vinrent bientôt l'y rejoindre.

L'évêque Régulus consacra une chapelle bâtie sur leurs précieuses dépouilles. Ce sera là le lieu à jamais célèbre de SAINT-DENIS EN FRANCE.

Considérons le tombeau de saint Denis. C'est sur lui que se noueront et se dénoueront toutes les situations orageuses de notre histoire natio-

---

(1) *Mons martyrum*, montagne des martyrs.

(2) *Sanguis martyrum semen est christianorum.* Le sang des martyrs est une semence de chrétiens. (Tertullien.)

nale. Là viendront s'inspirer tour à tour Geneviève marchant devant Clovis, en qui le pape saint Athanase saluera l'espérance de l'Église. Là accourra le pape Étienne (1) cherchant un refuge contre les féroces Lombards ; là il sacrera Pépin roi des Francs et donnera en même temps l'onction royale à ses fils Charles et Carloman, dont le premier sera Charlemagne.

C'est ici que je vois dans les récits chrétiens du moyen-âge des saints et des moines ajouter à l'abbaye de Saint-Denis de nouvelles splendeurs. Les rois feront porter sa bannière, son image, son oriflamme, au milieu des combats comme un signe de ralliement et de victoire. Nous perdîmes cet étendard national dans des jours néfastes et l'Anglais fut proclamé roi de France. Qui le chassera ? Une fille des champs. Ce sera Jeanne d'Arc revenant de Reims, après y avoir fait sacrer un roi avec l'huile de Clovis. Elle accourra au tombeau de saint Denis, lui fera hommage de ses armes, bien dignes du saint Martyr, car elle ne les a teintes que de son propre sang.

Saint Louis expirant sur la plage africaine tournera vers saint Denis ses yeux mourants, lui recommandera leur commun royaume en attendant d'aller prendre place auprès de lui. Lorsque

---

(1) Voir l'appendice III.

l'hérésie de Calvin tentera de s'asseoir sur le trône de France, qui fera abjurer Henri IV dans la basilique de St-Denis, sinon l'illustre martyr, auquel Marie Stuard, dans sa prison, a légué son cœur ? Les générations de nos rois lui avaient confié leurs cendres, leur repos dans la tombe ; la révolution de 93 les a jetées au vent. Sommes-nous meilleurs dans ce siècle ? Nous chassons nos souverains, et nous les envoyons mourir en exil.

Néanmoins Dieu veille sur les os de ses Saints (1), et au milieu des tristesses du présent ils sont l'espérance de l'avenir. Croyez-le bien, mes Frères, on ne change pas les destinées d'une nation. Ce ne sont ni les progrès matériels de l'industrie, ni les chars aux ailes de feu, roulant sur la terre et sur l'eau, ni les combinaisons de la science humaine qui relèveront la France. Ce seront les Anges que Dieu nous a prédestinés, ce sera le Père que du haut des cieux le Christ nous a légué, ce sera Denis, ce sera Michel, aux noms entrelacés desquels était bénie l'oriflamme, et sera toujours béni tout drapeau qui conduira les soldats français à de glorieux combats.

Peuple Français, reviens à ton Dieu et à tes Saints, si tu veux reprendre tes nobles destinées.

---

(1) *Custodit Dominus omnia ossa eorum.* (Ps. v.)

Ne te laisse pas entraîner plus longtemps par tes ennemis, qui sont ceux de ton Dieu. Et en quel temps l'impiété s'est-elle montrée plus impie ? Notre siècle s'est cyniquement déclaré l'ennemi de tout ce qui émane de Dieu ou qui conduit à lui. Il faut, pour détourner la colère de Dieu, des justes, des justes choisis, des justes qui vivent et persévèrent dans la foi, la prière, les bonnes œuvres jusqu'aux plus durs sacrifices, comme saint Denis, ses compagnons et les fidèles de leur temps.

Telle m'apparaît cette chère paroisse, et j'aime à croire que le patronage de saint Denis, dont elle porte si dignement le nom, lui a valu la grâce, d'avoir eu en tout temps de bons et saints Pasteurs, et c'est avec bonheur que je m'incline devant le vivant, en lui appliquant, comme à ceux qui ne sont plus, ces paroles de l'Écriture : « Toute la joie d'un Père est dans l'affection de ses enfants.

# APPENDICES

## APPENDICE I

J'ai fait remarquer en note (page 1) qu'on s'est jusqu'ici peu occupé d'approfondir deux questions qui ne manquent pas d'intérêt et qui paraissent venir à propos à l'occasion d'un panégyrique de saint Denis prêché à Montpellier, dans l'église paroissiale qui porte le nom du premier apôtre des Gaules et tout au moins de la capitale de la France.

Mes bien chers et honorés lecteurs me permettront, je l'espère, d'essayer d'y répondre et de rechercher en peu de mots :

1° Quelle est l'origine probable de la paroisse de Saint-Denis,

2° A quelle circonstance est dû le choix de ce vocable.

Ces deux questions, on va le voir, se tiennent par la main, s'il est permis de parler ainsi et s'enchaînent à ce point qu'il n'est guère possible de les traiter séparément.

1.

Quand en 737, dans l'intérêt de la sécurité de cette contrée qui, en sortant des ravages de l'invasion des barbares du Nord, se trouvait menacée par celle des barbares du Midi, les Sarrasins, Charles-Martel eut décrété la destruction de Maguelone, dont il ne respecta que la vieille cathédrale et dont il combla le port appelé alors *Port Sarrasin*, l'évêque et les chanoines se retirèrent d'abord et provisoirement à Villeneuve, et y transportèrent le culte de saint Pancrace, jeune martyr qui y est encore honoré tous les ans par une fête solennelle, le 12 du mois de mai, et, pour rendre d'un plus difficile accès leur nouvelle résidence, ils firent détruire la chaussée qui reliait, au milieu de l'étang, Maguelone à Villeneuve et n'était coupée en certains endroits que par quelques ponceaux dont on voit encore les traces au fond de l'eau. Ces ouvrages d'art avaient été établis pour prévenir la corruption des eaux, et maintenir, dans l'intérêt de la salubrité publique, leur communication avec celles de la mer. Les deux ponts qu'on peut voir sur la double chaussée du canal des Étangs, au point appelé le *Grand Trou*, peuvent donner une idée de ce genre de travaux.

Mais à cette distance de la mer ils ne se crurent pas encore assez en sécurité; ils cherchèrent, dans l'intérieur des terres, un lieu plus retiré et mieux à l'abri d'une surprise.

Substantion leur parut ce point recherché et ils allèrent s'y établir. Leur séjour à Substantion dura, on le sait, environ trois cents ans. Ce ne fut que vers 1030 que l'évêque Arnaud songea à rentrer avec son clergé à Maguelone que ses prédécesseurs avaient dû abandonner en 737.

Ils construisirent à Substantion ou y restaurèrent une église suffisante pour l'exercice du culte. On en distingue encore les vestiges.

Les administrateurs civils de Maguelone durent suivre les évêques ; ils n'étaient que leurs officiers dans l'ordre temporel et exerçaient leur autorité sous la qualification de comtes. Les comtes de Maguelone devinrent alors comtes de Substantion.

Mais les commerçants, les marchands, comme on les appelait alors, les négociants, comme nous les appelons aujourd'hui, ne pouvaient suivre ni les évêques, ni les comtes. C'eût été leur ruine.

Inutile de dire que Maguelone était alors la mère nourricière de la contrée. Son port était le seul qui existât sur le littoral méditerranéen, depuis Marseille jusqu'à Port-Vendre ; c'était là que venaient s'approvisionner la Lozère et l'Auvergne ; c'était là qu'elles venaient porter leurs produits pour les expédier en Orient, en Espagne, en Afrique, en Egypte, et, de fait, leurs investigations ne traînèrent pas en longueur.

Entre les deux bras du Lez, qui n'était alors qu'une rivière et n'arrivait pas jusqu'à la mer, se trouvait un delta parfaitement protégé par l'étang, le Lez principal et sa seconde branche, le Lez-Vieil. Ce fut là qu'ils s'établirent. Lattes existait alors et depuis des siècles ; c'était une ancienne ville romaine ou, si l'on veut, un gros bourg, mentionné dans les itinéraires, environné de murailles, défendu par une forte tour, une vraie citadelle, et par une ceinture d'eau qui la baignait de tous les côtés.

Ce lieu n'était pas aménagé pour le commerce, ils se mirent à l'œuvre et disposèrent toutes choses pour s'y trouver commodément.

Les maisons devinrent des magasins et des bureaux. Le Lez fut saigné au dessus du Mas d'Encivade au moyen d'une digue, qui porta le nom de *Paissière Plombade*, afin d'augmenter le volume des eaux de la branche qui portait le nom de *Lez-Vieil* et d'alimenter la canalisation qu'ils en firent au dessous de la ville et à laquelle on donna le nom de Roubine, à partir de ce point de la ville qui n'a pas entièrement disparu et porte encore le nom de *Porte du Port;* c'est là qu'aboutissait cette première saignée qui fut appelée *Canal du Port*, qu'on traversait à la naissance du Port sur un ponceau qui a conservé le nom de *Pont du Port.*

Cela ne suffisait pas et, pour avoir un volume d'eau plus considérable, on établit une nouvelle digue un peu au dessous de celle qui existe aujourd'hui et depuis la canalisation du Lez, en 1666, par François de Solas, président à la Cour des Comptes-Aides et Finances de Montpellier, et aïeul de Philippe de Grave, dont ce nouveau canal porte encore le nom. Cette digue prit le nom de *Paissière des Marchands*. Avec son aide, on put pratiquer, sous Encivade, une nouvelle saignée qui, partant du point appelé *Esquina d'Azé,* traversait les prairies et venait, sous les murs méridionaux, se jeter dans un petit lac appelé *Maïré du Port.*

Mais l'accès de Lattes n'était pas facile ; les routes n'étaient pas belles, la ville était un peu trop près de la mer et, malgré son système de défense, il y avait toujours à craindre un coup de main.

Or, il y avait alors à une lieue de Lattes, vers le Nord, sur l'emplacement occupé, depuis 1622, par la citadelle de Montpellier qui n'existait pas encore, une grosse tour destinée à protéger le pays qu'elle dominait jusqu'à la mer. Ce fut vers cette défense qu'ils portèrent leurs regards. Ils élargirent le chemin et l'empierrèrent, afin de rendre plus facile le transport de leurs marchandises. Ils établirent près de cette tour des maisons, des magasins, finirent par s'y transporter eux-mêmes et par ne laisser à Lattes que des commis, des hommes de peine et des mariniers.

Puis, ne trouvant pas commode le voisinage d'une forteresse et des hommes d'armes qui y tenaient garnison, ils allèrent un peu plus loin, contournèrent le monticule, continuèrent à abattre les arbres de haute futaie, pour charpenter leurs nouvelles constructions, comme ils avaient commencé de le faire pour leurs premiers établissements, et un nouveau quartier fut fondé.

Le premier s'était appelé *Montpellier* ; celui-ci dut s'appeler succursale de Montpellier, petit Montpellier, *Montpelliéret.*

Montpelliéret ne tarda pas à grandir aux dépens du Montpellier primitif et les dénominations durent être travesties. Le premier *Montpellier* diminuant ne fut plus que *Montpelliéret*, *Montpelliéret* grandissant devint le vrai *Montpellier*.

Dans combien de temps ces fondations et ces transformations furent-elles accomplies? On ne va pas tarder à le savoir.

Jusqu'ici, je n'ai émis que des conjectures et je n'ai pu citer aucun document écrit, mais ces conjectures sont appuyées sur des monuments de pierre qui n'ont pas totalement disparu. La porte du port, les traces de la roubine, la maïré, le canal et le pont du port existent à Lattes, la paissière Plombasde est devenue la digue de la deuxième écluse du canal de Grave, la paissière des Marchands n'a pas totalement disparu au dessous de la troisième écluse et, quand les eaux sont basses, les barques heurtent quelquefois les pierres qui en sont restées au fond du canal.

A partir de ce moment je puis donner des dates, des noms et citer des monuments écrits.

Charles-Martel ne s'était pas borné à combattre et à vaincre les Sarrazins, soit à Narbonne, soit à à Maguelone, soit à Nimes, soit ailleurs. Ils menaçaient toujours le midi de la France, et son fils, qui fut roi de France sous le nom de Pépin-le-Bref, eut encore à les combattre, soit à Narbonne, soit à Nimes. Maguelone détruite et son port comblé ne pouvaient guère les attirer de longtemps. Il n'en fallut pas moins pourvoir à la sécurité du pays délivré.

Que faire pour cela ? J'ai déjà dit qu'une manière de forteresse existait dans l'intérieur des terres, sur un monticule à 10 kilomètres de la mer, 15 de Maguelone. Elle était visible de partout de ce côté ; elle dut attirer les regards du conquérant libérateur, et il dut songer à la faire occuper, soit par ses hommes, soit par des soldats recrutés dans la contrée, et en confier le commandement à l'un de ses capitaines.

Aigulphe fut l'homme qu'il choisit. Ce guerrier vint-il s'y établir avec sa famille, ou bien y séjourna-t-il seul et alla-t-il établir sa femme et ses enfants à Substantion ? On ne le sait pas au juste. Monseigneur Paulinier, dans le premier fascicule de sa Vie de saint Benoît d'Aniane, a émis ce dernier sentiment en disant que le fils d'Aigulphe, le futur restaurateur de la règle bénédictine dans notre pays, passa son enfance et son adolescence à Substantion.

Quoi qu'il en soit, Aigulphe devint comte de Maguelone et de Subtantion et remplaça les comtes précédents qui n'étaient pas encore alors héréditaires et n'étaient au fond que des officiers civils ou militaires et même les deux à la fois, chargés de pourvoir au bon ordre et à la défense du pays dont les évêques de Maguelone étaient les vrais seigneurs.

Une agglomération ne tarda pas à se former, on le sait, autour de cette citadelle. Or, en ce temps-là comme de nos jours, dès qu'un centre populeux était créé, le besoin se faisait sentir de lui procurer les secours religieux. Les évêques s'en préoccupaient et les populations le demandaient. Il en fut ainsi sur le point qui fixe actuellement notre attention, et l'évêque de Maguelone ou de Substantion, car plusieurs de ces prélats prirent indistinctement l'un ou l'autre de ces deux titres, dut songer à y créer une paroisse. Il dut pour cela se concerter avec celui qui exerçait la puissance temporelle, solliciter ou accepter son concours.

Qu'on remarque que le comte Aigulphe était venu du Nord et avait sans doute habité Paris (1) ; que l'armée de Charles-Martel, son chef hiérarchique, n'était partie pour cette expédition méridionale qu'après avoir été prendre l'oriflamme à Saint-Denis, et on conviendra qu'il avait dû planter cet étendard au haut de la forteresse. Dès lors, le vocable de la nouvelle église et de la nouvelle paroisse était tout trouvé, on ne dut pas en chercher d'autre, et la paroisse de Saint-Denis eut là son existence jusqu'au moment où la nécessité de contenir les protestants révoltés fit décréter, après 1622, sa suppression et sa translation au lieu où elle se trouve aujourd'hui.

J'ai déjà dit que les commerçants de Maguelone, se trouvant mal à l'aise au milieu du cliquetis des armes, contournèrent le monticule et firent de nouveaux

(1) Ses enfants furent élevés à la cour de Pépin-le-Bref.

établissements près d'une autre partie du monticule qui n'était alors, sur ce point, qu'un amas de pierres d'où il tirait son nom *Mont pierreux*, *Mons Petrosus* ou *Petronus*, et en français usuel *Mont Peyrou*. C'est là que, plusieurs siècles plus tard, devait être établie une des plus belles places publiques du monde.

On y établit des marchés hebdomadaires et, au bas, des foires annuelles, deux institutions à peu près indispensables au commerce ; et sur ce nouveau point, assez vite occupé, une nouvelle population se forma. C'était la Valfère. On a dit que ce nom lui venait de ce que c'était, auparavant, un bois, une forêt peuplée de bêtes fauves, *Vallis ferarum* ; ne serait-il pas plus exact de dire que ce fut la vallée des foires, de la foire, *vallis feræ*. *Fera*, en latin du moyen-âge, signifie également *foire* et *bête fauve*.

Montpellier se déplaça peu à peu et devint Montpelliéret. Le vrai Montpellier se trouvait, quatre-vingts ans après l'émigration de Maguelone, non plus au havre ou à l'aire de Saint-Denis, mais sous le Peyrou, et réclamait, au commencement du IXe siècle, les secours de la religion, la création d'une paroisse ; c'était sous l'épiscopat du saint évêque Argemire, de 817 à 820.

Cette date est sûre, quoique un peu vague, car il n'est pas dit en quelle année Argemire créa ce nouveau centre religieux, mais on sait que son épiscopat ne dura que trois ans, de 817 à 820. C'est donc entre ces deux dates qu'eut lieu la création de la paroisse Saint-Firmin.

Pourquoi ce vocable ? Il semble facile d'en donner la raison. Montpellier, ou mieux, si l'on veut, les deux Montpellier faisaient partie de la Septimanie, province qui occupait à peu près tout le pays connu depuis sous le nom de *Languedoc*, et précédemment *Occitanie*. Or, au commencement du IX^e^ siècle, la Septimanie ou la Gothie était sous l'autorité de Bernard I^er^, fils du bienheureux moine et soldat Guillem de Gellone. Il était presque aussi vaillant capitaine que l'avait été son père et avait épousé Doda ou Dodéma, l'une des filles, on dit la douzième, de Charlemagne dont le fils, Louis le Débonnaire lui avait confié le gouvernement de cette province. Bernard faisait son principal séjour à Uzès où le souvenir de saint Firmin s'était maintenu et attirait de nombreux pèlerins à son tombeau, depuis le V^e^ siècle, époque de sa mort, après un long épiscopat illustré par sa science, sa sagesse et sa sainteté.

Bernard dut intervenir dans la création de cette nouvelle paroisse, et il n'est pas étonnant qu'elle ait été placée sous la protection du saint Évêque d'Uzès, Bernard dut le proposer à Argemire ; peut-être celui-ci fut-il le premier à le lui proposer pour lui être agréable et en reconnaissance de son gracieux concours.

Ainsi se trouvent expliqués les motifs du choix de Saint-Denis pour patron de la paroisse de Montpelliéret et de Saint-Firmin pour patron de celle de Montpellier, et il importe peu que les titres écrits n'en fassent mention que quelques siècles après.

Ce qui confirme, du reste, la priorité de Saint-Denis sur Saint-Firmin, de Montpelliéret sur Montpellier, c'est qu'on sait, à trois années près, la date de la création de la paroisse de Montpellier, et que nulle part on ne trouve celle de la création de la paroisse de Montpelliéret, ce qui n'aurait pas manqué d'être constaté si Montpellier avait précédé Montpelliéret.

Je crois avoir répondu aux deux questions que je me

suis posées, et je me suis efforcé de le faire de mon mieux. Je m'arrêterais là ; mais dans une question d'origine je ne puis me dispenser de dire un mot de celle de Notre-Dame des Tables, la gloire des deux Montpellier.

On a dit que le sanctuaire qui devint Sainte-Marie de Montpellier datait du IVe siècle. On n'en a donné aucune preuve, et j'avoue, bien volontiers, qu'il est plus que difficile, je crois qu'il est absolument impossible d'en donner. Mais puisqu'il était primitivement, en admettant qu'il en soit ainsi, dédié à Sainte-Marie-Madeleine, ne peut-on pas tirer de cette circonstance cette induction qu'il a pu être construit à une date plus reculée de notre ère et le classer, avec Sainte-Madeleine d'Exindre (près de Villeneuve-lez-Maguelone) et d'autres églises de notre littoral, parmi les monuments qui constatent la prédication de l'Évangile, à Maguelone, par Simon le Lépreux, et en Provence, par les deux sœurs Marthe et Marie qui furent les hôtesses de N. S. J.-C.?

Je n'insiste pas sur ce point et je le laisse aux appréciations des lecteurs.

Si ce qui fut une crypte de l'église de Sainte-Marie de Montpellier, devenue ensuite Notre-Dame des Tables, fut bâti au niveau du sol ou à peu près, car il fut un temps où l'on baissait le niveau de l'intérieur des temples chrétiens, afin, disent certains maîtres en archéologie, de les faire ressembler un peu aux catacombes de la primitive église, il faut qu'on ait singulièrement entassé de débris, de décombres, de matériaux et de terres pour enterrer ce sanctuaire et bâtir ensuite une église par dessus. Je suis loin de m'élever contre cette opinion et de la contredire, mais j'aimerais quelques preuves ou, du moins, quelques présomptions, quelque chose de plus qu'une simple affirmation.

Il suivrait de là que les historiens de Languedoc, ordinairement si exacts et si fidèles interprètes des événements qu'ils racontent, se seraient trompés quand, rapportant que l'évêque Abbon, en 877, alla à Avignon prier le pape Jean VIII de venir à Montpellier consacrer l'église dédiée à la T.-S.-Vierge dans cette ville, ils ajoutent que ce fait n'est pas probable et que cette église n'existait pas encore.

Il suivrait encore de là que la fondation du sanctuaire Sainte-Marie de Montpellier n'est pas due aux seigneurs de Montpellier, puisqu'il existait avant le premier que l'histoire connaisse, Gui ou Guillem I, qui n'apparait qu'à la fin du Xe siècle.

Il suivrait enfin de là qu'il y a inexactitude dans l'Oraison de l'office de Notre-Dame des Tables qui leur fait l'honneur de cette fondation. Mais ici je puis faire la remarque que cette attribution n'est pas formellement exprimée ; il est seulement dit que le peuple de Montpellier a été jadis placé, par ses seigneurs temporels, sous la protection de la T. S. V., ce qui n'est pas tout à fait la même chose.

Néanmoins, je serais d'avis que les Guillems de Montpellier, trouvant entre les deux parties de leur ville et au point culminant un sanctuaire dédié à Marie, ont dû s'éprendre d'affection et de piété pour cette chapelle, l'agrandir, la restaurer, l'embellir, et c'est, en effet, ce que fit particulièrement, en 1143, l'un d'eux le B. Guillem VI, sans doute, à part ses motifs personnels, pour suivre les exemples de ses ancêtres.

Quoi qu'il en soit, ce fut un vrai bonheur pour les

commerçants de Maguelone, devenus commerçants de Lattes, en devenant commerçants de Montpellier, de s'établir, d'abord d'un côté, ensuite de l'autre de la chapelle qui devint alors Sainte-Marie de Montpellier pour devenir ensuite Notre-Dame des Tables.

Tels sont les trois sanctuaires séculaires de Montpellier. Hélas ! ils n'existent plus aujourd'hui et depuis de longues années que de nom. L'un a été détruit et reconstruit sur un autre point (Saint-Denis), l'autre, plusieurs fois démoli par la rage protestante et la fureur idiote révolutionnaire, a dû, au commencement de ce siècle, se réfugier dans un autre magnifique sanctuaire, primitivement placé sous un autre vocable, lui demander pour ainsi dire l'aumône de l'asile, la renonciation à sa paternité (1) (Notre-Dame des Tables); le troisième n'existe plus, il a été victime, lui aussi, du vandalisme huguenot, mais il n'a été ni reconstruit ni transféré, il ne reste plus parmi nous qu'à titre de souvenir. Une rue, pourtant, a conservé le nom de Saint-Firmin et avec sa sœur et voisine, celle de Saint-Guillem, elle a encore trouvé, jusqu'à ce jour, grâce devant l'impiété sectaire et franc-maçonne sous l'empire de laquelle il nous est, depuis trop longtemps, donné de vivre.

L'unité de la paroisse n'existe plus à Montpellier et Montpelliéret n'est plus qu'un souvenir; son territoire a été partagé, les paroisses ont été dédoublées. Peut-

(1) A ce point qu'il est à peu près impossible de savoir sous quel vocable fut placée la chapelle du Collège des Jésuites, dans laquelle a été transporté le culte de N.-D. des Tables. On pense néanmoins que le patron choisi par les R. P. Jésuites était saint François-Xavier.

être est-ce un bien. Je n'oserais l'affirmer. De plus sages que moi l'ont ainsi décrété ; pourquoi ne m'inclinerais-je pas ? N'est-ce pas toujours le Saint-Esprit qui dirige les administrateurs de l'Église de Dieu ?

Je n'ai pu, dans cette note, entrer dans des détails de démolition, de translation, de reconstruction. Elle aurait dépassé beaucoup trop les limites que je me suis imposées, et je renvoie, avec plaisir, aux livres spéciaux qui ont été écrits sur ces sujets, l'un par un vénérable curé qui a laissé, dans la paroisse Notre-Dame des Tables, de si sympathiques et sérieux souvenirs, d'autres par un éminent professeur qui a illustré, par ses savants travaux, la ville de Montpellier, sa seconde patrie, d'autres enfin dus à une plume intelligente et pieuse que je ne pourrais louer sans blesser une modestie parfaite.

Je ne veux pas pourtant finir sans dire un mot du nom de Montpellier. Je serai bref et, sans rapporter les diverses étimologies qu'on s'est évertué à donner aux deux noms de *Mons pessulanus* et *Monspelium*, je me bornerai à penser, la plume à la main, qu'on aurait moins sué peut-être si on avait bien voulu remarquer que *Monspessulanus* peut très bien dériver de *mons*, montagne, *pessul*, limite, *Lani*, du Lez. *Pessul* est un mot de basse latinité qui a la signification de borne, limite, barrière, et le Lez s'est appelé en latin, tantôt *Lædum*, *Lidus*, tantôt *Lizus*, enfin *Lanus*. Quant à *Monspelium*, il me parait tout simple de le décomposer en *mons*, montagne, *pellium*, des peaux. Les noms de *Pellier* et *Pellicier* n'ont pas toujours été rares dans cette ville et les environs : deux évêques de Montpellier et de Maguelone se sont appelés *Pélicier de Boirargues*, et les prairies qui étaient la principale richesse du pays, au moment de la fondation des deux Montpellier, devaient être l'occasion du commerce de la laine et de la peau des moutons et des brebis qu'on y élevait là et dans tous les environs, à Lattes en particulier. Peut-être aurai-je occasion de donner, dans un autre temps, un développement plus étendu à ces idées, que je me contente d'émettre ici, non comme bonnes, mais comme miennes, tout sentiment personnel d'amour-propre mis de côté.

---

## APPENDICE II

Cette conviction n'était pas nouvelle chez l'auteur. Voici un passage de la Vie de l'abbé Martin, curé de Saint-Denis, qui le prouve surabondamment :

« Sa paroisse a pour patron le premier évêque de l'antique Lutèce, et elle s'est accoutumée à honorer dans cet apôtre des Gaules Denis l'Athénien. Or, on sait qu'une école critique du XVIIe siècle, obscurcissant la vérité de l'histoire, a cherché à démontrer que saint Denis l'Aréopagite n'était pas le fondateur de l'Église de Paris. Telle a été la thèse soutenue par le fameux docteur Launoy, s'appuyant sur une édition des Actes de notre Saint, publiée par l'évêque de Montpellier François Bosquet, qui était son ami et le partisan de cette opinion. Comme on ne dit point, dans ces Actes, que Saint Denis ait été envoyé à Paris par le pape Clément, mais simplement par les *successeurs des Apôtres,* Launoy en a conclu que cet évêque n'était venu que plus tard dans les Gaules, et il a adopté le récit de saint Grégoire de Tours, reportant son apostolat et son martyre à l'an 250, sous l'empereur Dèce.

» Cette assertion, contraire à l'apostolicité de l'Église de Paris, excita alors un violent débat et de sérieux contradicteurs (1). Cependant elle a prévalu jusqu'à nos jours, où de nouveaux travaux historiques ont presque (2) rétabli la certitude de l'Aréopagitisme. C'est ce que vient de prouver avec évidence l'abbé Darras, dans un ouvrage très remarquable (3).

» Avant lui, l'abbé Martin avait proclamé et défendu cette thèse dans une argumentation lucide où il se montrait historien érudit autant qu'éloquent orateur. Le panégyrique de saint Denis qu'il prêchait dans sa paroisse est resté dans toutes les mémoires. Il suivait le premier évêque de Paris, sortant de l'Aréopage, converti par saint Paul, envoyé par saint Clément, successeur de saint Pierre, pour évangéliser les Gaules et souffrant le martyre au village de Catulla (4).

(1) Voir les ouvrages suivants : *Vindicata Ecclesiæ Gallicanæ de suo Areopagita Dionysio gloria*, par Dom Milles. Paris 1638, in-8°. — *Histoire chronologique pour la vérité de saint Denis, Aréopagite, Apôtre de la France et premier évêque de Paris*, par J. Doublet. Paris, 1646. in-4°. — *De Unico S. Dionysio Areopagita, Athenarum et Parisiorum episcopo, adversus Joannis de Launoy, Constantiensis, theologi, discussionem Milletianæ responsionis, diatriba*, par Hugues Mesnard. Paris, 1643, in-8°.

(2) En 1868 le mot *presque* pouvait être vrai, aujourd'hui il est de trop. L'auteur le retrancherait de lui-même, j'en suis convaincu. — P. M.

(3) *Saint Denis l'Aréopagite*, par l'abbé J.-E. Darras, 1863.

(4) Ceci ne paraît pas exact. Saint Denis fut martyrisé à Montmartre, ainsi que le dit le panégyrique. Ce fut de Montmartre qu'il porta sa tête à deux milles de Paris, au lieu qui est devenu la ville qui porte son nom, et où habitait sans doute la chrétienne Catulla. — P. M.

situé à trois milles de la vieille cité de Lutèce. Interrogeant les récits des anciens hagiographes, il montrait sainte Geneviève, l'illustre patronne de Paris, expression vivante de la tradition de son siècle et de celle des siècles précédents, voulant faire élever une basilique au même village de Catulla, en l'honneur du glorieux Athénien (1). Les Ménologes grecs venaient corroborer ce sentiment (2). Le silence presque complet des écrivains orientaux, touchant un personnage aussi célèbre que l'Aréopagite, ne pouvait s'expliquer à ses yeux que par un voyage dans l'Occident.

» Abordant enfin la thèse de M. Guizot, qui prétend que les Gaules ne sont devenues chrétiennes que dans le IIe ou le IIIe siècle et sans le secours de la Papauté (3), il établissait, par l'autorité de savants Annalistes, Vincent de Beauvais, saint Antonin, Baronius, que c'est de Rome et aux temps apostoliques que le flambeau de la foi a été porté à nos pères ; et, ravi de ce nouveau trait d'union entre la Ville éternelle et la nation qui devait s'appeler un jour la France, il s'écriait avec Gorini, dans l'élan d'un enthousiasme à la fois patriotique et chrétien : « Que de liens entre la Gaule, colonie chrétienne de Rome, et cette mère patrie ! (4) »

---

(1) *Libellus vitæ B. Genovefæ :* Surius, *Acta, sum.*, 9 jan. — Saint Yves, *Histoire de sainte Geneviève.* Nous ferons remarquer que sainte Geneviève vivait un siècle avant saint Grégoire de Tours.

(2) *Vita et Encomium S. Dionysii, Areopagitæ ex Menæis græcis, mensis octob. die 3.*

(3) *Histoire de la civilisation en France,* par M. Guizot. Tome II, ch. XIX, p. 102.

(4) *Défense de l'Église contre les erreurs historiques....* par l'abbé Gorini, T. II, Ch. VIII, p. 484.

» Nous regrettons de n'avoir pas trouvé le texte de cette éloquente démonstration. Il nous a semblé utile, cependant, de rappeler les sentiments d'un critique aussi compétent que l'écrivain de la vie de saint Jean Chrysostome sur un point d'histoire des plus controversés.

» Cette conviction historique de l'abbé Martin, qu'il cherchait à propager par sa parole, lui rendait son église en quelque sorte plus chère.... »

---

## APPENDICE III

« Le pape Etienne II mourut au mois d'avril 757. Il avait fondé à Rome un monastère sous l'invocation de saint Denis, pour y placer des reliques de ce Saint, qu'il avait portées de France, et il y établit des moines grecs, en souvenir de la première patrie de ce Denis l'Aréopagite, qui fut l'Apôtre des Gaules (1). »

---

## APPENDICE IV

Le vendredi 6 novembre 1885, la ville de Montpellier était en deuil. On venait de lire dans les bons journaux de la localité que la veille, à six heures du soir,

---

(1) « Cette église se trouve près de Saint-Charles aux quatre fontaines. Elle est occupée, ainsi que le couvent, par des religieuses françaises. »

(La Gourmerie. T. I, p. 303).

M. l'abbé Roüet, aumônier du Lycée, fondateur et premier directeur de la Confrérie diocésaine de N.-D. du Suffrage, avait rendu sa belle âme à Dieu, entouré, à défaut de sa famille absente, de ses plus intimes amis et consolé par la réception des sacrements de l'Église.

C'était pendant l'Octave de la Commémoration de tous les Fidèles défunts, particulièrement chère à cet excellent prêtre Dieu l'avait appelé à lui au moment même où la prière était la plus fervente pour le soulagement des fidèles trépassés dont il avait toujours, mais plus particulièrement pendant les dix dernières années, plaidé si éloquemment la cause.

Ses funérailles furent un vrai triomphe; l'église paroissiale de Saint-Denis se trouva insuffisante pour contenir l'assistance; elle resta en majeure partie sur la place qui précède l'édifice paroissial. On peut sans exagérer évaluer à six mille le nombre de ceux qui voulurent y assister.

Monseigneur l'Évêque de Montpellier daigna exceptionnellement honorer par sa présence le service funèbre et dire lui-même les prières de l'absoute. C'était le samedi 7 novembre.

Le lendemain dimanche, M. l'abbé Edmond Chapot, de Nimes, missionnaire apostolique, l'un des bons amis du regretté défunt, et qui prêchait, sur son invitation, l'Octave des Morts dans l'église des Pénitents Bleus, siège principal de la Confrérie du Suffrage, voulut remplacer son discours de ce jour par l'éloge funèbre du directeur aimé de la Confrérie.

Prié ensuite de mettre par écrit les principaux passages de son discours et de fixer ainsi ses réminiscences, il consentit volontiers à le faire, et les Annales de la Confrérie du Suffrage purent s'en enrichir.

C'est ce résumé, cette analyse que nous donnons ci-après. Ce sera comme une notice biographique sur M. l'abbé Adolphe-Auguste Roüet.

On comprendra qu'elle n'est pas complète, et d'un autre côté qu'elle ne peut donner l'idée du talent oratoire qui l'a inspirée. Il faudrait y avoir assisté et avoir entendu le prédicateur, dont la réputation n'est pas à faire ; mais les amis de M. l'abbé Roüet seront bien aise de trouver ici ces lignes, que nous nous efforcerons de compléter dans la mesure du possible.

**Extrait de l'éloge funèbre de M. l'abbé Roüet, prononcé dans la chapelle des Pénitents Bleus, à Montpellier, le dimanche 8 novembre 1887, par M. l'abbé Edmond Chapot, prêtre du diocèse de Nimes, Missionnaire apostolique.**

*Vadam ad montem myrrhæ et ad collem thuris :* J'irai, par la montagne de la myrrhe, à la colline de l'encens.

Mes chers Frères,

Combien il est vrai de dire que les coups de la mort sont rapides et inattendus ! Celui que vous avez accompagné hier au tombeau, était encore, il y a quelques jours, plein de vie et d'espérance : il m'appelle, il me reçoit, il me parle. Le lendemain il se meurt, il est mort ! Il m'a encouragé et conseillé, au début de cette octave qu'il faisait prêcher tous les ans pour les morts, et voilà qu'en la terminant, je dois le pleurer et le louer devant vous.

Déjà vos hommages publics, à l'heure de ses funérailles, ont constaté ses mérites et manifesté votre reconnaissance ; vous avez vu son cercueil précédé plutôt d'un cortège triomphal que d'une funèbre escorte !

Tout le clergé et toutes les confréries de la ville de

Montpellier s'étaient empressés de lui rendre hommage. L'Évêque rehaussait de sa présence l'éclat de cette solennelle cérémonie, les élèves et les professeurs du Lycée, qui avaient su apprécier son caractère et son talent, disaient assez par leur attitude triste et recueillie combien ils le regrettaient tous.

Qu'attendez-vous de moi, âmes pieuses et reconnaissantes qui avez appris à son école et à ses exemples comment il fallait se souvenir des morts et leur être utile ? Que je vous invite à vous souvenir de lui et à prier pour le repos de son âme ? Vous désirez que je vous dise qu'elle fut sa vie de travail et de vertu ? J'essaierai de répondre à vos pieux désirs, en consacrant le dernier discours de l'Octave des Morts à la mémoire du très cher et très regretté abbé Roüet, aumônier du Lycée, directeur de l'Œuvre de Notre-Dame du suffrage, et chanoine honoraire de la Cathédrale de Montpellier.

Vous n'avez point été surpris, quand je vous ai dit, que l'abbé Roüet était allé, par la montagne de la myrrhe, à la colline de l'encens. Ce texte de l'Ecriture nous permet de diviser sa vie en trois périodes distinctes : la période de l'enthousiasme, où il se dit chaque jour : J'irai là où m'appellent mon cœur, mon intelligence, mon idéal, *vadam* ; la période de l'épreuve, qui arrête l'essor de son âme et les élans de son cœur, *ad montem myrrhæ ;* et enfin la période de la récompense où il reçoit des satisfactions et des dédommagements, qu'il accepte comme un encouragement et une espérance, *ad collem thuris*.

## I.

Qui de vous, à certaines heures de la vie, n'a connu les transports et les élans de l'enthousiasme ? L'œil fixé vers cet inconnu, qui se dérobe toujours derrière les horizons de notre vie, nous attendons la réalisation de nos vœux. Victimes d'heureuses illusions, nous abordons les réalités du devoir avec un cœur plus généreux et une âme plus vaillante. Quel est le sage d'ailleurs qui osera condamner la jeunesse, parce qu'elle est l'âge de l'enthousiasme et de l'illusion ? Ne sont-ce pas là les précieuses ressources qui lui restent quand des devoirs difficiles s'imposent ou quand de navrantes réalités l'éprouvent ?

L'abbé Roüet connut de bonne heure ce brillant mirage ; il était ardent, cachant une âme sensible sous des apparences de réserve et de froideur ; il avait compris que la vocation du sacerdoce était digne de passionner son cœur. Elevé au sein d'une famille chrétienne, il sut toujours conserver les bons et salutaires principes de la foi (1).

---

(1) Il était né à Lunel, le 9 février 1825. Il appartenait à une famille très recommandable ; son père, M. J.-B. Roüet, continuait alors à gérer une maison commerciale très importante créée par son grand-père.

Le jeune Roüet reçut les premiers enseignements au collège communal de sa ville natale et fit la première communion dans l'église paroissiale de Lunel, desservie par l'abbé Ducat, curé, Caumette et Paleyrac, vicaires.

Ces trois ecclésiastiques le distinguèrent et lui vouèrent une affection qu'ils lui témoignèrent tous les trois jusqu'à la mort, et qu'il sut toujours leur rendre.

Ce fut le jour même de la première communion que, au pied de l'autel, dans toute la ferveur de son âme, il promit à Dieu d'embrasser la carrière ecclésiastique, et je puis dire, pour l'édification du lecteur, comment il fut amené à manifester ses intentions à sa famille.

Quelque temps après, une punition lui fut infligée par un de

Le monde n'exerça jamais aucun empire sur lui: jamais il ne montra ni doute ni hésitation, quand il s'agit d'imprimer à sa vie une sage direction. Jésus l'aima dès son berceau, d'un amour de prédilection, qui se manifestait par des grâces de choix et des inspirations de vertu ; non, qu'on ne parle point au jeune Roüet des plaisirs du monde, ni des séductions de la terre, ni des attraits du péché : son cœur monte vers Dieu avec tous les enthousiasmes de la piété et de la foi. Regardez-le, au jour de ses noces sacerdotales : il a sur le front le rayon du ciel, dans le cœur la flamme du divin amour. L'enthousiasme de son âme éclate

---

ses maîtres. L'enfant était victime d'une erreur, il rentra dans sa famille et dit à sa mère qu'on l'avait puni injustement et qu'il était bien décidé à ne pas faire sa punition.

Sur les représentations de la mère qui l'exhortait à se soumettre, il s'affirma encore davantage. « Quand on m'a puni justement, dit-il, je me suis soumis sans réclamer, je ferai de même toutes les fois que je l'aurai mérité, mais je ne consentirai jamais à accepter une punition injuste.

— Mais, lui dit Madame Roüet, tu vois bien que si tu t'obstines, on ne voudra plus te recevoir au collège, et alors nous serons bien embarrassés. Que veux-tu que nous fassions de toi? Où veux-tu que nous t'envoyions?

— Au Petit-Seminaire, répondit-il, je veux être prêtre.

— Mon enfant, lui dit alors M^me^ Roüet, on ne prend pas une résolution aussi grave dans un moment de dépit et de colère. Il faudra y réfléchir, en parler à ton père qui n'y consentira pas dans ces conditions, et qui aura raison.

— Vous croyez, mère, que c'est à présent seulement que j'y pense ! Détrompez-vous, j'ai pris cette résolution le jour de ma première communion. Si vous en doutez, montez chez grand'-mère et interrogez-la.

On le fit, et l'aïeule reconnut qu'en effet, ce jour-là, il avait

en action de grâces, et comme Augustin, le jeune prêtre s'écrie à l'autel : « O mon Dieu, vous m'avez fait pour vous aimer et pour vous faire aimer, mon cœur aurait été sans cesse dans l'agitation, s'il ne s'était pas reposé en vous. »

Consacré prêtre de Jésus-Christ, l'abbé Rouët est envoyé, comme vicaire, à Montpellier, dans la paroisse de Saint-Roch. N'était-ce pas encore pour lui un sujet d'enthousiasme ? Montpellier et Saint-Roch ! Ces deux noms, inséparables dans les annales de la Foi, excitaient de vives émotions de zèle et d'ardeur dans l'âme du jeune vicaire. Qui doutera du bonheur qu'il goûtait à l'ombre de ce glorieux autel ? Qui pourra ne pas croire que le souvenir de Saint-Roch, dissipant le fléau de

---

été la trouver et qu'il lui avait fait sa confidence en lui demandant le secret, et elle le lui avait tenu. Dès lors on n'hésita plus, et l'enfant fut confié au Petit-Séminaire de Montpellier, d'où il passa au Grand-Séminaire. Il y resta jusqu'en 1844. Les Lazaristes venaient de prendre la direction de cet établissement diocésain. Aux vacances, l'abbé Rouët se crut appelé à la vie religieuse et partit pour le noviciat de la rue de Sèvres, à Paris. Mais, après une année, sa faible santé l'obligea à rentrer à Montpellier.

Comme il avait terminé son cours de Théologie longtemps avant l'âge canonique de la prêtrise, il profita d'une circonstance pour utiliser son temps et accepta le préceptorat des enfants du contre-amiral Bérard, préfet maritime à Toulon. Au moment où il atteignit sa vingt-quatrième année, Mgr Vicart, alors évêque de Fréjus, accepta de lui conférer, en 1849, l'ordination de la prêtrise et il revint dans le diocèse. Mgr Ch.-Th. Thibault le nomma d'abord vicaire à Saint-Roch, sous la direction de l'abbé Recluz, d'où il passa après deux ans à Saint-Denis, paroisse alors administrée par l'abbé Martin, d'Agde comme le curé de Saint-Roch.

la peste, allumait dans le cœur de l'abbé Roüet le désir ardent d'arracher les âmes à la peste et au fléau du péché ?

C'est sous le coup de ces impressions, toutes vibrantes de zèle et de foi, que l'abbé Roüet est envoyé comme vicaire à la paroisse Saint-Denis !

J'ai nommé saint Denis d'Athènes, illustre savant de l'Aréopage, converti par saint Paul ; saint Denis de Paris, patron de la capitale de la France et qui garde dans les profondeurs de son sanctuaire et de son temple les glorieuses dépouilles de nos rois très chrétiens ; saint Denis de Montpellier, qui a vu tant de générations de fidèles contempler ses vertus, implorer son secours et exalter ses louanges ; saint Denis de Montpellier, qui réunit au pied de ses autels tant de familles chrétiennes et dévouées à la foi ! Quel beau champ pour le zèle d'un jeune prêtre ! Quelle belle portion de la vigne du Seigneur à cultiver et à embellir !

Là, tout contribue à augmenter l'enthousiasme de l'abbé Roüet : il a pour curé le modèle des prêtres par ses vertus, type accompli de l'orateur chrétien, l'abbé Martin (d'Agde), l'admirable auteur de la *Vie de Saint Jean Chrysostôme*, et l'infatigable apôtre que les sympathies du peuple et les triomphes de l'éloquence avaient fait surnommer *Bouche d'or*.

Là encore, au presbytère de Saint-Denis, se donnent quelquefois rendez-vous les illustrations de la France chrétienne. Le jeune vicaire est enthousiasmé quand il y rencontre Lacordaire, avec sa robe blanche de dominicain et son génie d'orateur ; le Père Ventura, avec sa science de docteur et ses vertus de théatin ; celui-ci parle des grandeurs de Pie IX et des confidences qu'il en a reçues ; celui-là, des saintes libertés qu'il défend et des odieuses persécutions qu'il subit ; tous les deux, de l'amour de Dieu et du bonheur qu'éprouve le cœur du prêtre, quant il veut défendre, envers et contre tous les impies, les droits imprescriptibles de l'Église, du Christ et de la liberté ! Si du presbytère, où s'engagent les conversations les plus utiles et les plus élevées, vous passez à l'église, vous trouverez là le jeune vicaire secondant son curé dans les œuvres nombreuses et variées qu'il dirige : catéchismes, confréries, associations de tout genre s'adressant à toutes les catégories de fidèles ; les organisant avec méthode et persévérance, les soutenant de son zèle et de sa parole, donnant, en un mot, à toute sa paroisse un mouvement et des émotions qui la sanctifient. Aussi le vicaire se rapproche-t-il de plus en plus du curé : il l'admire, il le sert, il l'aime ; le voilà devenu son disciple bien-aimé et comme son vicaire de prédilection. Belles et radieuses années de sa jeunesse sacerdotale, qui s'écoulaient trop rapides et trop enthousiastes, et qui de temps à autre entendirent cette parole retentir au fond du cœur de l'abbé Roüet : *Vadam,* j'irai, oui j'irai par les obstacles et les difficultés, s'il le faut, mais avec zèle et bonheur. J'irai, pour l'amour de Dieu et pour l'honneur de mon sacerdoce, j'irai partout où Dieu voudra, tant je suis heureux de le servir ! J'ai vu, à Saint-Denis, de grands exemples de résignation et de vertu ! Grâces vous soient rendues, ô mon Dieu ! Je suis fort et j'irai au combat, à la tristesse, à l'épreuve, *Vadam !*

## II.

Et le combat, et la tristesse, et l'épreuve l'attendaient : c'est la montagne de la myrrhe qui doit être témoin des solides vertus et de la courageuse résignation du vicaire de Saint-Denis ! Faut-il s'étonner ? Faut-il se plaindre ? Est-ce que l'épreuve n'est pas la pierre de touche de la véritable perfection ? Ne devons-nous pas nous souvenir que le serviteur n'est pas au-dessus du maître, et que Jésus-Christ, le prêtre par excellence, a voulu porter sa croix et subir, après l'agonie du Jardin des Olives, les tourments du Calvaire ? Heureux sommes-nous, si nous savons nous avancer dans la vie, en portant notre croix et en regardant le Ciel avec le sourire de l'espérance !

L'heure est venue pour l'abbé Roüet de montrer comment son enthousiasme, bien dirigé, a servi à le rendre fort, en face de l'épreuve, et résigné à la volonté de Dieu. Il faut qu'il se sépare de la paroisse si attachante de Saint-Denis et de son éminent pasteur ! Son cœur saigne de douleur ; son âme, un instant surprise, s'indigne et se révolte. Elle semble dire : « O mon Dieu, ô mon père, que cette épreuve ne me soit point imposée ! » Dieu le veut, jeune prêtre : il est temps de te souvenir que l'épreuve supportée avec courage est agréable à Dieu !

Inutile, mes Frères, de vous rappeler ici les circonstances douloureuses qui s'imposèrent à la vertu de l'abbé Roüet. Inutile de vous dire encore les découragements qu'il a manifestés ; les tristesses qu'il a dévorées, les humiliations qu'il a subies, les luttes qu'il a soutenues. Il me paraît plus utile, pour vous édifier, de vous dire sa force d'âme, sa sainte persévérance, sa douce résignation : rappelez vous-mêmes vos souvenirs : lorsque l'épreuve l'a frappé, il s'est incliné avec respect, il a attendu avec patience, il s'est justifié avec douceur : pieuse, louable et vaillante attitude, qui lui a mérité les plus utiles conseils et les plus précieuses faveurs ! (1)

Tandis que l'épreuve sert à sa sanctification, il consacre les loisirs de sa vie à l'étude et au travail.

Les années de sa tristesse furent les années fécondes de son intelligence : il ouvrit un cours d'études élémentaires de latin, de grec et de français, donnant ainsi son âme, son cœur, ses facultés aux jeunes élèves qu'il formait avec patience et qui étaient heureux de recevoir ses leçons et ses conseils. Il était pour eux un apôtre, un maître et un ami ; de longues heures étaient par là ravies à ses décourageantes pensées, doux passe-temps où son âme ardente rencontrait d'autres âmes, nouveau genre d'apostolat, qui lui rendait plus supportables ses épreuves et ses tristesses. D'ailleurs, quand les élèves quittaient le maître, après des leçons très prolongées, l'abbé Roüet se plaisait à

---

(1) Je pourrais suppléer ici à la réserve de l'orateur, et entrer dans des détails. A quoi bon ? il y aurait d'ailleurs quelque chose de trop délicat à l'essayer et j'estime que le temps n'est pas encore venu de le faire. Quand cela sera possible, je ne serai plus de ce monde. Mais si jamais les circonstances permettaient de publier les détails de cette époque si pénible de sa vie, où il reçut tant de précieux encouragements venus à lui de Montpellier, ou qu'il trouva à Rome de la part de nombreux prélats, de plusieurs membres du Sacré Collège et de Pie IX lui-même, il serait possible de mettre à la disposition de celui qui voudrait l'entreprendre plusieurs documents intéressants et même le petit journal où il consignait chaque jour ce qu'il avait fait dans la ville éternelle 1863-1864, mai à mai).

Qu'on se contente de savoir qu'après un an de séjour il rentra à Montpellier muni des pouvoirs les plus étendus, en particulier celui de monter à l'autel dans toutes les églises et chapelles du diocèse et du monde catholique.

faire revivre, dans des pages très attachantes, les précieux souvenirs du clergé de Montpellier ; il préparait ce livre d'or, qui nous rappelle et nous retrace les belles et vertueuses figures de ces prêtres qui ont servi et illustré leur diocèse, dans les différents degrés de la hiérarchie : ce sont des vicaires généraux, tels que M. Seyvon, M. Raynaud, M. Bouisset ; ce sont des curés, tels que les abbés Recluz, Séguier, Gay, Argelliez ; ce sont des aumôniers tels que les abbés Roussac et Coural ; ce sont des professeurs, tels que le distingué abbé Flottes, qui attirent son attention et inspirent sa plume. Oublierai-je de vous dire qu'il s'apprêtait aussi à payer sa dette de reconnaissance à son cher curé, l'abbé Martin (d'Agde), dont il a cherché, dans des pages émues, à faire revivre les vertus et les talents ?

Pourquoi ne vous dirais-je pas encore qu'il fouillait les archives de Lunel, pour y surprendre les secrets des vieux siècles, afin de connaître toutes les gloires et toutes les illustrations de sa ville natale ? C'est le grand amour de son berceau qui le rendit patient dans ses difficiles recherches et qui le décida à écrire son grand ouvrage sur *Lunel, au temps de la Féodalité*, tandis que la Société des Juifs la glorifiait par sa science et son génie, tandis que la noblesse l'illustrait par son héroïsme et ses vertus.

N'admirerons-nous pas l'abbé Roüet, qui demande à l'étude, au travail et à la prière, le courage de surmonter et de sanctifier l'épreuve ? Venez donc à son école, ô vous tous que la tristesse accable et que le découragement menace, et apprenez comment il faut gravir, jusqu'au sommet, en portant la croix, la haute et difficile montagne de la myrrhe : *Vadam ad montem myrrhæ !*

## III

Voici des jours de lumières et de paix qui se lèvent pour le prêtre éprouvé. Dieu, qui a compassion de son serviteur, lui prépare de douces satisfactions et de précieux dédommagements. Les titres que l'abbé Roüet reçoit de son évêque le consolent et le fortifient (1). Regardez-le, dans la chapelle des Pénitents Bleus, dont il a la garde ; constatez son dévouement pour la royale confrérie qu'il dirige, voyez combien il aime et combien il est aimé ! S'agit-il de veiller à l'organisation d'une fête ? l'aumônier des Pénitents Bleus n'oublie aucun détail. Faut-il obtenir pour la chapelle une aumône abondante ? c'est toujours l'aumônier qui la sollicite et qui l'obtient. C'est donc avec reconnaissance que vous avez voulu, pieux Confrères, déposer ici pendant quelques heures et entourer de lumières, de couronnes et de fleurs les dépouilles mortelles de votre aumônier. Cet acte est tout à sa louange et à votre honneur : vous témoignez ainsi des regrets que sa mort vous laisse, à vous qui l'aviez tant regretté, lorsque la confiance de son Évêque le chargea de l'aumônerie du Lycée.

---

(1) Ce ne fut qu'en 1873 que son nom fut replacé dans le Personnel de l'Ordo diocésain, à la suite de l'arrivée de Mgr de Cabrières, qui ne tarda pas à lui confier l'aumônerie des Pénitents Bleus, afin de lui donner une église pour les exercices de la Confrérie de N.-D. du Suffrage.

Inutile de dire ici les circonstances de cette fondation, on peut les trouver dans les Annales de la Confrérie, au premier volume : toutes les pièces authentiques y sont rapportées avec des explications suffisantes.

Là encore se manifestent les brillantes qualités de sa douce et intelligente nature. Le poste est difficile (1) : n'importe ! il l'acceptera avec courage. La mission est délicate : n'importe ! il l'accomplira avec distinction. L'apostolat qu'on réclame de son zèle sera souvent exposé à l'insuccès : n'importe ! il aura raison de tous les obstacles et obtiendra l'estime de tous les cœurs ! Hier, à ses funérailles, vous avez pu constater que son ministère avait joui de considération et de confiance. N'est-ce pas là un témoignage de regret honorable pour le prêtre qui le reçoit, et pour le Collège qui le donne ?

Entouré d'une grande estime, que de fois il pouvait mettre à profit, dans l'intérêt du bien, la haute influence de sa modestie et de son mérite (2).

Les âmes droites et chrétiennes se plaisent au contact de ses vertus et de ses exemples. Inflexible sur les principes, bienveillant pour les personnes, il ne sacrifiait rien de sa vigoureuse orthodoxie, et il se conciliait tous les cœurs par la loyauté de son

---

(1) *Le poste est difficile.* Cela est vrai, et le nouvel aumônier y déploya tant de zèle, uni à un tact si parfait qu'il put vite s'attirer la sympathie des maîtres et des élèves. Leur conduite à la cérémonie de la sépulture l'a démontré surabondamment. Les élèves ont demandé et obtenu de suivre à pied la dépouille de leur aumônier jusqu'au cimetière Saint-Lazare, fort distant, on le sait, de la ville. Cette conduite a été très remarquée et a produit le meilleur effet.

(2) A ce sujet il y aurait bien des choses à dire ; mais, je l'ai déjà fait remarquer, la période historique n'est pas encore arrivée. Ses relations avec le monde officiel lui permirent de rendre de grands services ; il le fit toujours avec empressement et bonheur. Qui ne peut lui rendre cette justice ?

caractère et par la douceur de ses procédés : dévoué aux plus pures doctrines romaines, fidèle aux traditions nationales, il eut l'incomparable mérite d'exercer une heureuse influence même sur les hommes qui se laissaient emporter par tous les préjugés de l'heure présente. Pouvons-nous oublier qu'il comptait des amis parmi ceux qui déclaraient la guerre à l'Église et à ses libertés? Ne faut-il pas dire, à son honneur, qu'en ménageant leurs imperfections, il ne voulut point mettre à profit leur influence et leur crédit ! En vain lui proposera-t-on de monter jusqu'à l'épiscopat (1) : il saura répondre que les honneurs et les charges de l'Eglise épouvantent sa piété et qu'il les réserve à des prêtres plus méritants. Il n'usera du crédit que les circonstances lui donnent, que pour aplanir les difficultés diocésaines! Jamais il n'hésita à intervenir pour rendre le bien plus facile, dans les relations de l'Église avec l'État, sur le coin de terre où il vit et qu'il aime avec tant d'affection !

Non, je n'aurais pas dit tous ses mérites, si je ne parlais pas de son dévouement à l'Œuvre de Notre-

(1) Quoi qu'on en ait pensé, quoi qu'on en ait dit, tout cela est vrai ; surtout et malgré des sollicitations pressantes, il s'obstina à ne vouloir faire aucune démarche personnelle : personne ne le sait aussi bien que celui qui écrit ces lignes. Il refusa d'abord le titre d'évêque de Constantine. C'était au moment de l'exécution des décrets d'expulsion des Religieux. Il lui répugnait d'accepter le patronage d'un gouvernement qui se livrait à des persécutions que je n'ai pas à qualifier ici. Je ne puis que raconter. Mais ce qu'on ne sait peut-être pas assez, c'est que si les religieuses furent toutes exceptées de l'exécution des décrets, c'est à lui, à ses démarches qu'elles durent ne pas être inquiétées. Ceci n'est pas de ma part une assertion gratuite.

Dame du Suffrage, qu'il a su organiser et diriger avec tant d'intelligence et de succès !

Pendant plusieurs années, il agit, il écrit, il parle en faveur des Ames du Purgatoire, à la grande satisfaction de l'Évêque et du Clergé.

Toutes les paroisses du diocèse se sont montrées dociles aux invitations de son zèle : je n'oublierai jamais avec quelle joie, sur son lit de douleur, et quelques heures avant sa mort, il me disait les consolations que cette Œuvre salutaire avait apportées à ce cœur généreux de prêtre et d'apôtre !

Les tentures funèbres qui décorent ce temple, les couronnes funéraires que vous avez déposées sur son cercueil, les draps d'honneur que vous avez portés à ses funérailles, toutes ces manifestations de la douleur et de l'espérance disent assez haut ce qu'il a fait pour développer le culte des morts et la religion des tombeaux. A sa mémoire tous vos hommages de reconnaissance et d'admiration ; pour le repos de son âme, tous vos cantiques et toutes vos supplications !

Il me semble que son tombeau, à peine fermé, laisse encore passer les appels qu'il vous adresse : entendez-le, ô vous qui l'avez connu et aimé, entendez-le vous dire qu'il ne faut point l'oublier, qu'il compte sur vos prières, et qu'il vous bénira du haut du ciel, du haut de la colline éternelle du divin encens. Il y est parvenu par la voie de l'épreuve et de la souffrance : fasse le Ciel que sa pieuse vie soit longtemps votre exemple, sa sainte mort votre consolation, et sa gloire éternelle votre plus précieuse espérance : *Vadam ad montem myrrhæ et ad collem thuris.*

Ainsi soit-il.

## APPENDICE V

### HYMNE A SAINT DENIS

De saint Denis célébrons la mémoire,
Bien haut chantons ses vertus, ses grandeurs ;
Dieu dans le ciel l'inonde de sa gloire,
Répandonos-nous ici-bas en honneurs.
C'est un saint legs : sous son bon patronage
Se sont placés nos aïeux confiants ;
Nous leurs enfants, fiers de cet héritage,
Renouvelons leurs vœux et leurs serments.

Sur les hauteurs de l'humaine science,
Ainsi qu'un aigle il planait librement :
Mais le Seigneur par sage prévoyance,
Lui réservait plus haut enseignement.
Du grand saint Paul, devant l'Aréopage,
Il a compris le discours émouvant.
Et transformé, le savant et le sage
Du Christ devient un apôtre vaillant.

Mais trop étroite est d'Athènes l'enceinte ;
Il faut la Gaule à son zèle brûlant.
O vents, soufflez et vers la Ville Sainte
Son frêle esquif amenez sûrement.
Là de Clément il prend l'investiture.
Et s'adjoignant deux nobles compagnons,
Il va porter à Lutèce l'impure
Des Livres Saints les sublimes leçons.

Vers d'autres champs bientôt il s'achemine ;
Chartres, Senlis, Meaux entendent sa voix,
Et maints pays que le Rhin avoisine
Ont arboré l'étendard de la Croix.

Oh ! qu'il est beau d'annoncer la nouvelle,
Qui dans les cœurs porte la douce paix !
Mais à l'Apôtre auréole plus belle,
Quand de son sang il scelle ce bienfait.

Tel de Denis le brillant apanage ;
C'est un vieillard ; mais au sein des tourments,
Il apparaît comme dans le bel âge
Et fait encor des disciples ardents.
Il tombe, enfin ; mais, le touchant miracle !
Il se relève et, prenant dans ses mains
Son chef auguste, il le montre en spectacle
Comme un trophée aux bourreaux inhumains.

Mais au tombeau l'Apôtre infatigable
N'a pas fini sa belle mission ;
Il se survit dans un livre admirable,
Et prêche encor la divine leçon.
Là, vrai foyer d'une pure lumière,
La piété trouve son aliment,
Et l'aspirant à la Sainte Carrière,
Y vient puiser un sûr enseignement.

O saint Denis, ton héroïque zèle
Du Dieu puissant t'a conquis la faveur ;
Ah ! donne-nous au moins une étincelle
Du feu sacré qui brûlait ton grand cœur.
De ton beau nom notre paroisse est fière,
Et nous aimons à parer ton autel ;
Sois, à ton tour, un Patron tutélaire
Et conduis-nous avec toi dans le Ciel.

L'abbé Messine,
ancien vicaire de Saint-Denis.

# APPENDICE VI

## NOTE SUR LE RÉTABLE DE SAINT-DENIS

Quelques personnes se demanderont, peut-être, pourquoi la copie du Rétable de Saint-Denis est placée en tête de ce panégyrique.

Nous leur répondrons que la reproduction du martyre de ce grand apôtre de la France se trouve difficilement.

La pieuse Légende le représente généralement *marchant* et tenant sa tête entre les mains ; Bonna l'a exposé en 1885, allongé par terre, *ramassant* sa tête. — Notre Rétable, dû au ciseau de Potevin, nous le montre dans une attitude plus noble et plus vraisemblable ; nous en devons la reproduction fidèle au talent de MM. Marsal et Cairol, qui se sont prêtés avec empressement à notre désir d'offrir cette image aux paroissiens de Saint-Denis, pour lesquels *tout* ce qui vient de leur chère paroisse est un souvenir précieux.

# TABLE DES MATIÈRES


Avertissement..... .................. Page 5

Panégyrique de saint Denis.................. 9

Appendice I............................ 39

— II............................ 52

— III............................ 55

— IV. Extrait de l'éloge funèbre de M. l'abbé Roüet............ 55

— V. Hymne à saint Denis ........... 71

— VI. Note sur le rétable de Saint-Denis. 73

www.ingramcontent.com/pod-product-compliance
Ingram Content Group UK Ltd.
Pitfield, Milton Keynes, MK11 3LW, UK
UKHW020354180726
13839UKWH00003B/1102

9 782329 275635